फ़ैज़ अहमद 'फ़ैज़'

जन्म : 13 फ़रवरी, 1911; गाँव–काला कादर, सियालकोट (पाकिस्तान)।

शिक्षा : आरम्भिक धार्मिक शिक्षा मौलवी मुहम्मद इब्राहिम मीर सियालकोटी से प्राप्त की। मैट्रिक स्कॉच मिशन स्कूल और स्नातकोत्तर मुरे कॉलेज, सियालकोट से। वामपंथी विचारधारा के जुझारू पैरोकार फ़ैज़ ने 1936 में *प्रगतिशील लेखक संघ* की एक शाखा पंजाब में आरम्भ की। 1935 में एम.ए.ओ. कॉलेज, अमृतसर और बाद में हेली कॉलेज ऑफ़ कॉमर्स, लाहौर में अध्यापन। 1938-1942 के दौरान उर्दू मासिक *अदबे-लतीफ़* का सम्पादन। कुछ समय तक फ़ैज़ ब्रिटिश इंडियन आर्मी में भी रहे, जहाँ 1944 में उन्हें लेफ़्टिनेंट कर्नल के पद पर पदोन्नत किया गया था। 1947 में सेना से इस्तीफ़ा देने के बाद *पाकिस्तान टाइम्स* के पहले प्रधान सम्पादक बने। 1959 से 1962 तक *पाकिस्तान आर्ट्स काउंसिल* के सचिव रहे।

1964 में लंदन से वापस आने के बाद फ़ैज़ कराची में अब्दुल्लाह हारून कॉलेज के प्रिंसिपल नियुक्त हुए।

1951 में फ़ैज़ को रावलपिंडी षड्यंत्र केस में चार साल की जेल की सज़ा भी हुई, जहाँ उन्होंने जीवन की कड़वी सच्चाइयों से सीधा साक्षात्कार किया।

प्रमुख रचनाएँ : *नक़्श-ए-फ़रियादी* (1941), *दस्ते-सबा* (1953), *ज़िन्दाँनामा* (1956), *मीज़ान* (1956), *दस्ते-तहे-संग* (1965), *सरे-वादिए-सीना* (1971), *शामे-शह्‌रे-याराँ* (1979), *मिरे दिल मिरे मुसाफ़िर* (1981), *ग़ुबारे-अय्यम, सारे सुख़न हमारे* (फ़ैज़ समग्र) लंदन से और *नुस्ख़हा-ए-वफ़ा* (फ़ैज़ समग्र) पाकिस्तान से, *पाकिस्तानी कल्चर* (उर्दू और अंग्रेज़ी में) (1984)। राजकमल से *प्रतिनिधि कविताएँ* प्रकाशित।

फ़ैज़ की रचनाओं का अंग्रेज़ी, रूसी, बलोची, हिन्दी सहित दुनिया की अनेक भाषाओं में अनुवाद हो चुका है।

पुरस्कार : *लेनिन पीस प्राइज़, द पीस प्राइज़* (पाकिस्तानी मानवाधिकार सोसायटी), *निगार अवार्ड, द एविसेना अवार्ड, निशाने-इम्तियाज़* (मरणोपरान्त)। 1984 में मृत्यु से पहले *नोबेल प्राइज़* के लिए नामांकन हुआ था।

निधन : 20 नवम्बर, 1984, लाहौर।

ग़ुबारे-अय्याम

फ़ैज़ अहमद 'फ़ैज़'

लिप्यंतरण

अब्दुल बिस्मिल्लाह

सम्पादन

अब्दुल बिस्मिल्लाह

धर्मेन्द्र सुशांत

राजकमल पेपरबैक्स

राजकमल पेपरबैक्स में
पहला संस्करण : 2024

राजकमल पेपरबैक्स : उत्कृष्ट साहित्य के जनसुलभ संस्करण

राजकमल प्रकाशन प्रा. लि.
1-बी, नेताजी सुभाष मार्ग, दरियागंज
नई दिल्ली-110 002
द्वारा प्रकाशित

शाखाएँ : अशोक राजपथ, साइंस कॉलेज के सामने, पटना-800 006
पहली मंजिल, दरबारी बिल्डिंग, महात्मा गांधी मार्ग, इलाहाबाद-211 001
1, अनमोल सोराबजी सन्तुक लेन, धोबी तलाव, मरीन लाइंस, मुम्बई-400 002

वेबसाइट : www.rajkamalprakashan.com
ई-मेल : info@rajkamalprakashan.com

विकास कम्प्यूटर एंड प्रिंटर्स
ट्रॉनिका सिटी-201 102
द्वारा मुद्रित

मूल्य : ₹199

GUBARE-AYYAAM
Poems by Faiz Ahmad 'Faiz'
Transliteration by Abdul Bismillah

ISBN : 978-93-6086-705-8

हर कुजा रफ़्तम ग़ुबार-ए-ज़िन्दगी दर पेश बूद
या रब ईं ख़ाक-ए-परेशाँ अज़ कुजा बर्दाशतम

—बेदिल

क्रम

ग़ुबारे-अय्याम

तुम ही कहो क्या करना है

जब दुख की नदिया में हमने
जीवन की नाओ[1] डाली है

था कितना कस-बल बाँहों में
लोहू में कितनी लाली थी

यूँ लगता था दो हाथ लगे
और नाओ पूरम्पार लगी

1. नाव।

ऐसा न हुआ, हर धारे में
कुछ अनदेखी मझधारें थीं

कुछ माँझी थे अनजान बहुत
कुछ बेपरखी पतवारें थीं

अब जो भी चाहो छान करो
अब जितने चाहो दोष धरो

नदिया तो वही है नाव वही
अब तुम ही कहो क्या करना है

अब कैसे पार उतरना है
जब अपनी छाती में हमने

इस देश के घाव देखे थे
था वेदों पर विश्वास बहुत

और याद बहुत से नुस्ख़े थे
यूँ लगता था बस कुछ दिन में

सारी बिपता कट जाएगी
और सब घाओ[1] भर जाएँगे

ऐसा न हुआ के: रोग अपने
तो सदियों ढेर पुराने थे

1. घाव।

वेद इनकी तरह को पा न सके
और टोटके सब नाकाम गए

अब जो भी चाहो छान करो
अब चाहे कितने दोष धरो

छाती तो वही है घाव वही
अब तुम ही कहो क्या करना है

ये घाओ कैसे भरना है

लन्दन, 1981

इश्क़ अपने मुजरिमों को पा-ब-जौलाँ[1] ले चला

दार[2] की रस्सियों के गुलूबन्द गर्दन में पहने हुए
गानेवाले इक रोज़ गाते रहे

पायलें बेड़ियों की बजाते हुए
नाचनेवाले धूमें मचाते रहे

हम जो न इस सफ़ में थे और न उस सफ़ में थे
रास्ते में खड़े उनको तकते रहे

---

1. पाँव में बेड़ी पहने, 2. फाँसी।

रश्क़[1] करते रहे
और चुपचाप आँसू बहाते रहे

लौटकर आ के देखा तो फूलों का रंग
जो कभी सुर्ख़ था ज़र्द ही ज़र्द है

अपना पहलू टटोला तो ऐसा लगा
दिल जहाँ था वहाँ दर्द ही दर्द है

---

1. ईर्ष्या।

गले में कभी तौक़ का वाहिमा[1]
कभी पाँव में लम्स[2] ज़ंजीर का

और फिर एक दिन इश्क़ उन्हीं की तरह
रसन-दर-गुलू[3], पा-ब-जौलाँ हमें

इसी क़ाफ़िले में कशाँ[4] ले चला

बेरूत,
जुलाई, 1981

---

1. वहम, 2. स्पर्श, 3. गले में रस्सी, 4. खींचते हुए।

नहीं निगाह में मंज़िल तो जुस्तज़ू[1] ही सही

नहीं निगाह में मंज़िल तो जुस्तज़ू ही सही
नहीं विसाल मयस्सर[2] तो आरज़ू ही सही

न तन में ख़ून फ़राहम[3] न अश्क़ आँखों में
नमाज़े-शौक़ तो वाजिब[4] है, बे-वज़ू ही सही

यही बहुत है के: सालिम[5] है दिल का पैराहन
ये चाक-चाक गरेबान बेरफ़ू ही सही

---

1. तलाश, 2. उपलब्ध, 3. इकट्ठा, 4. उचित, 5. सुरक्षित।

किसी तरह तो जमे बज़्म, मयकदेवालो
नहीं जो बादः-ओ-साग़र तो हा-ओ-हू ही सही

गर इन्तज़ार कठिन है तो जब तलक ऐ दिल
किसी के वादः-ए-फ़र्दा[1] से गुफ़्तगू ही सही

दयारे-ग़ैर[2] में महरम[3] अगर नहीं कोई
तो 'फ़ैज़' ज़िक्रे-वतन अपने रू-ब-रू[4] ही सही

लाहौर,
फ़रवरी, 1982

---

1. कल के वादे, 2. पराई धरती, 3. अपना, 4. समक्ष।

मेजर इसहाक़ की याद में

लो तुम भी गए हमने तो समझा था कि तुमने
बाँधा था कोई यारों से पैमाने-वफ़ा[1] और

ये अहद के: ताउम्रे-रवाँ[2] साथ रहोगे
रस्ते में बिछड़ जाएँगे जब अहले-सफ़ा[3] और

हम समझे थे सैयाद का तरकश हुआ ख़ाली
बाक़ी था मगर उसमें अभी तीरे-क़ज़ा[4] और

---

1. वफ़ा का वादा, 2. तमाम जीवन, 3. साथी, 4. मौत का तीर।

हर ख़ार रहे-दश्ते[1]-वतन का है सवाली
कब देखिए आता है कोई आबला-पा[2] और

आने में तअम्मुल था अगर रोज़े-जज़ा[3] को
अच्छा था ठहर जाते अगर तुम भी ज़रा और

बेरूत,
3 जून, 1982

1. वतन के वन की राह, 2. पैरों में छालों वाला, 3. कर्मफल प्राप्त होने वाले दिन।

एक नग़मा करबला-ए-बेरूत के लिए*

बेरूत निगारे-बज़्मे-जहाँ[1]
बेरूत बदीले-बाग़े-जिनाँ[2]

बच्चों की हँसती आँखों के
जो आईने चकनाचूर हुए

अब इनके सितारों की लौ से
इस शहर की रातें रौशन हैं

---

1. विश्वसुन्दरी, 2. स्वर्ग वाटिका के समान।

अब जगमग है अर्ज़े-लबनाँ[1]
जो चेहरे लहू के ग़ाज़े[2] की

ज़ीनत से सिवा पुरनूर[3] हुए
अब उनके रंगीं परतौ[4] से

इस शहर की गलियाँ रौशन हैं
अब जगमग है अर्ज़े-लबनाँ

---

1. लेबनान की धरती, 2. पाउडर, 3. और अधिक सुशोभित, 4. चमक।

बेरूत निगाहे-बज़्मे-जहाँ
बेरूत बदीले-बाग़े-जिनाँ

हर कुश्ता मकाँ[1] हर इक खँडर
हम-पाय:-ए-क़स्त्रे-दारा[2] है

हर ग़ाज़ी[3] रश्के-इस्कन्दर[4]
हर दख़्तर[5] क़ामते-लैला[6] है

---

1. जला हुआ मकान, 2. दारा के महल समान, 3. योद्धा, 4. सिकन्दर से बढ़कर, 5. बेटी, 6. लैला-जैसी।

ये शहर अज़ल[1] से क़ायम है
बेरूत   दिले-अर्ज़े-लबनाँ

बेरूत   निगारे-बज़्मे-जहाँ
बेरूत   बदीले-बाग़े-जिनाँ

बेरूत,
जून, 1982

---

* बेरूत पर इज्रायल के आक्रमण के समय रचित।

1. आदि-दिवस।

एक तराना मुजाहिदीने-फ़लिस्तीन[1] के लिए

हम जीतेंगे
हक़्क़ा हम इक दिन जीतेंगे
बिल आख़िर इक दिन जीतेंगे
क्या ख़ौफ़ ज़ि-यलग़ारे-आ'दा[2]

है सीना सिपर[3] हर ग़ाज़ी का
क्या ख़ौफ़ युरूशे-जैशे-क़ज़ा[4]
सफ़बस्ता[5] हैं अरवाहुल-शुहदा[6]
डर काहे का

---

1. फ़लिस्तीनी योद्धा, 2. शत्रु के आक्रमण का, 3. कवच, 4. मृत्युरूपी सेना की चढ़ाई, 5. पंक्तिबद्ध, 6. शहीदों की आत्माएँ।

हम जीतेंगे
हक़्क़ा[1] हम जीतेंगे
कद-ज़ा अलहक़्क़ो-ज़हक़ अलबातिल[2]
फ़र्मूदः रब्बे-अकबर[3]

है जन्नत अपने पाँवों तले
और सायः-ए-रहमत[4] सर पर है
फिर क्या डर है

---

1. ख़ुदा की क़सम, 2. श्रम करनेवाला सत्य है, नाशकर्ता मिथ्या है, 3. ख़ुदा ने फ़रमा दिया है, 4. कृपा की छाया।

हम जीतेंगे
हक़्क़ा हम इक दिन जीतेंगे
बिल आख़िर इक दिन जीतेंगे

बेरूत,
15 जून, 1983

गो सबको बहम साग़रो-बादः तो नहीं था

गो[1] सबको बहम साग़रो-बादः[2] तो नहीं था
ये शह्र उदास इतना ज़ियादा तो नहीं था

गलियों में फिरा करते थे दो-चार दिवाने
हर शख़्स का सद-चाक-लबादा[3] तो नहीं था

मंज़िल को न पहचाने रहे-इश्क़ का राही
नादाँ ही सही, इतना भी सादा[4] तो नहीं था

---

1. यद्यपि, 2. शराब और प्याले का साथ, 3. सौ जगह से फटा अँगरखा, 4. भोला।

थककर यूँ ही पल-भर के लिए आँख लगी थी
सोकर ही न उट्ठें ये इरादा तो नहीं था

वाइज़ से रहे-रस्म रही रिंद से सुहबत
फ़र्क़ इनमें कोई इतना ज़ियादा तो नहीं था

लाहौर,
फ़रवरी, 1983

ख़्वाब बसेरा

इस वक़्त तो यूँ लगता है अब कुछ भी नहीं है
महताब न सूरज न अँधेरा न सवेरा

आँखों के दरीचों में किसी हुस्न की झलकन
और दिल की पनाहों[1] में किसी दर्द का डेरा

1. शरण।

मुमकिन है कोई वह्म हो मुमकिन है सुना हो
गलियों में किसी चाप का एक आख़िरी फेरा

शाख़ों में ख़यालों के घने पेड़ की शायद
अब आ के करेगा न कोई ख़्वाब बसेरा

इक बैर, न इक मह्र[1] न इक रब्त[2], न रिश्ता
तेरा कोई अपना न पराया कोई मेरा

---

1. मेहरबानी, 2. सम्बन्ध।

माना के: ये सुनसान घड़ी सख़्त बड़ी है
लेकिन मेरे दिल ये तो फ़क़त[1] एक घड़ी है

हिम्मत करो जीने को अभी उम्र पड़ी है

मेयो अस्पताल, लाहौर
4 मार्च, 1982

1. केवल।

दरबार में अब सतवते-शाही की अलामत

दरबार में अब सतवते-शाही की अलामत[1]
दरबाँ का असा[2] है के: मुसन्निफ़[3] की क़लम है

आवारा है फिर कोहे-निदा[4] पर जो बशारत[5]
तम्हीदे-मसर्रत[6] है के: तूले-शबे-ग़म[7] है

जिस धज्जी को गलियों में लिये फिरते हैं तिफ़्लाँ
ये मेरा ग़रेबाँ है के: लश्कर का अलम है

---

1. राजसी प्रताप का प्रतीक, 2. दरबान का दंड, 3. लेखक, 4. एक पहाड़ जिसमें से रहस्यमय आवाज़ें आती थीं, 5. शुभ सूचना, 6. खुशी की भूमिका, 7. ग़म की रात का विस्तार।

जिस अक्स[1] से है शह्र की दीवार दरख़्शाँ[2]
ये ख़ूने-शहीदाँ है के: ज़रख़ाना-ए-जम है[3]

हलक़ा किए[4] बैठे रहो इक शम्आ' को यारो
कुछ रौशनी बाक़ी तो है हरचन्द के: कम है

1. छवि, 2. चमकती, 3. ईरान के प्रसिद्ध बादशाह जमशेद का ख़ज़ाना, 4. घेरकर।

हिज्र की राख और विसाल के फूल

आज फिर दर्दो-ग़म के धागे में
हम पिरोकर तिरे ख़याल के फूल

तर्के-उल्फ़त के दश्त से चुनकर
आशनाई के माहो-साल के फूल

तेरी दहलीज़ पर सजा आए
फिर तिरी याद पर चढ़ा आए

बाँधकर आरज़ू के पल्ले में
हिज्र की राख और विसाल के फूल

ये किस दयारे-अदम[1] में...

नहीं है यूँ तो नहीं है कि अब नहीं पैदा
किसी के हुस्न में शमशीरे-आफ़ताब[2] का हुस्न

निगाह जिससे मिलाओ तो आँख दुखने लगे
किसी अदा में अदा-ए-ख़रामे-बादे-सबा[3]

जिसे ख़याल में लाओ तो दिल सुलगने लगे
किए हैं अब भी अलाओ कहीं वो रंगे-बदन

1. परलोक, 2. सूरज की तलवार, 3. पवन के चलने की अदा।

हिजाब[1] था जो किसी तन का पैरहन[2] की तरह
उदास बाँहों में खोया हुआ कोई आग़ोश

कुशादः[3] अब भी है शायद दरे-वतन की तरह
नहीं है यूँ तो नहीं है कि अब नहीं बाक़ी

जहाँ में बज़्मे-गहे-हुस्नो-इश्क़ का मेला
बिना-ए-लुत्फ़ो-मुहब्बत[4], रिवाजे-मेहरो-वफ़ा[5]

---

1. पर्दा, 2. कुर्ता, 3. फैला हुआ, खुला हुआ, 4. मेहरबानी की बुनियाद, 5. मेहरबानी और निष्ठा का चलन।

ये किस दयारे-अदम में मुक़ीम[1] हैं हम तुम
जहाँ पे मुज्दः-ए-दीदारे-हुस्ने-यार तो क्या

नवैदे-आमदे-रोज़े-जज़ा नहीं आती*
ये किस ख़ुमारकदे[2] में नदीम[3] हैं हम तुम

---

* पाठान्तर (लन्दन से प्रकाशित प्रति में)
के: जिसमें मरहते-हुस्ने-रूये-यार तो क्या
नवैदे-रहमते-दस्ते-क़ज़ा नहीं आती

---

1. ठहरे हुए, 2. नशे की जगह, 3. दोस्त।

जहाँ पे शोरिशे-रिन्दाने-मयगुसार[1] तो क्या
शिकस्ते-शीश:-ए-दिल[2] की सदा नहीं आती
(ना-तमाम)

बेरूत,
मार्च, 1981

1. शराबियों का शोर-शराबा, 2. दिल के प्याले का टूटना।

नज़्रे-मौलाना हसरत मोहानी

मर जाएँगे ज़ालिम के: हिमायत न करेंगे
अहरार[1] कभी तर्के-रवायत[2] न करेंगे

क्या कुछ न मिला है जो कभी तुझसे मिले थे
अब तेरे न मिलने की शिकायत न करेंगे

शब बीत गई है तो गुज़र जाएगा दिन भी
हर लहज़ा जो गुज़री वो हिकायत[3] न करेंगे

---

1. आज़ाद लोग, 2. परम्परा का त्याग, 3. बयान।

ये फ़िक्र दिले-ज़ार का एवज़ान:[1] बहुत है
शाही नहीं माँगेंगे विलायत न करेंगे

हम शैख़ न लीडर न मुसाहिब न सहाफ़ी[2]
जो ख़ुद नहीं करते वो हिदायत न करेंगे

---

1. बदल, 2. ग्रंथकार।

हम मुसाफ़िर यूँ ही मसरूफ़े-सफ़र जाएँगे

हम मुसाफ़िर यूँ ही मसरूफ़े-सफ़र[1] जाएँगे
बेनिशाँ हो गए जब शह्र तो घर जाएँगे

किस क़दर होगा यहाँ मेह्रो-वफ़ा का मातम
हम तिरी याद से जिस रोज़ उतर जाएँगे

1. यात्रा में व्यस्त।

जौहरी बन्द किए जाते हैं बाज़ारे-सुख़न[1]
हम किसे बेचने अल्मासो-गुहर[2] जाएँगे

नेमते-ज़ीस्त[3] का ये क़र्ज़ चुकेगा कैसे
लाख घबरा के ये कहते रहें मर जाएँगे

शायद अपना भी कोई बैत[4] हुदीख्वाँ[5] बनकर
साथ जाएगा मेरे यार जिधर जाएँगे

---

1. शायरी का बाज़ार, 2. हीरे-मोती, 3. जीवन का वरदान, 4. शे'र, 5. यात्रा-गीत गानेवाला (अरब में जो ऊँट-सवार गाना गाते हुए चलते हैं, उन्हें 'हुदा' कहते हैं)।

'फ़ैज़' आते हैं रहे-इश्क़ में जो सख़्त मुक़ाम
आनेवालों से कहो हम तो गुज़र जाएँगे

बेरूत,
दिसम्बर, 1980

जैसे हमबज़्म हैं फिर यारे-तरहदार से हम

जैसे हमबज़्म हैं फिर यारे-तरहदार[1] से हम
रात मिलते रहे अपने दरो-दीवार से हम

सरख़ुशी[2] में यूँ ही सरमस्तो-ग़ज़लख़्वाँ गुज़रे
कू-ए-क़ातिल से कभी कूचः-ए-दिलदार से हम

1. बाँका यार, 2. मस्ती।

कभी मंज़िल, कभी रस्ते ने हमें साथ दिया
हर क़दम उलझे रहे क़ाफ़िल:-ए-सालार से हम

हमसे बे-बहरा हुई अब जरसे-गुल[1] की सदा
वरना वाक़िफ़ थे हर इक़ रंग की झंकार से हम

अब वहाँ कितनी मुरस्सा[2] है वो सूरज की किरन
कल जहाँ क़त्ल हुए थे इसी तलवार से हम

1. फूलों की घंटी, 2. सुसज्जित।

'फ़ैज़' जब चाहा जो कुछ चाहा सदा माँग लिये
हाथ फैला के दिले-बे-ज़रो-दीनार से हम

बेरूत,
1981

जो मेरा तुम्हारा रिश्ता है

मैं क्या लिखूँ कि जो मेरा तुम्हारा रिश्ता है
वो आशिक़ी की ज़बाँ में कहीं भी दर्ज नहीं

लिखा गया है बहुत लुत्फ़े-वस्लो-दर्दे-फ़िराक़[1]
मगर ये कैफ़ियत[2] अपनी रक़म[3] नहीं है कहीं

ये अपना इश्क़ हम आग़ोश[4] जिसमें हिज्रो-विसाल
ये अपना दर्द के: है कब से हमदमे-महो-साल[5]

---

1. मिलन का आनन्द और विरह का दुख, 2. हालत, 3. अंकित, 4. आलिंगनबद्ध, 5. महीने और वर्ष का साथी।

इस इश्क़े-ख़ास को हर एक से छुपाए हुए
"गुज़र गया है ज़माना गले लगाए हुए"

ताशकन्द, 1981

आज शब कोई नहीं है

आज शब दिल के क़रीं कोई नहीं है
आँख से दूर तिलस्मात के दर वा हैं कई

ख़्याब-दर-ख़्वाब महल्लात के दर वा हैं कई
और मकीं कोई नहीं है

आज शब दिल के क़रीं कोई नहीं है
"कोई नग़मा, कोई खुशबू, कोई काफ़िर सूरत"

कोई उम्मीद, कोई आस, मुसाफ़िर सूरत
कोई ग़म, कोई कसक, कोई शक, कोई यक़ीं
कोई नहीं है

आज शब दिल के क़रीं कोई नहीं है
तुम अगर हो तो मेरे पास हो या दूर हो तुम

हर घड़ी सायागरे-ख़ातिरे-रंजूर हो तुम
और नहीं हो तो कहीं कोई नहीं, कोई नहीं है

आज शब दिल के करीं कोई नहीं है

शाम धुँधलाने लगी और मिरी तन्हाई

शाम धुँधलाने लगी और मिरी तन्हाई
दिल में पत्थर की तरह बैठ गई

चाँद उभरने लगा यकबार तिरी याद के साथ
ज़िन्दगी मूनिसो[1] ग़मख़्वार नज़र आने लगी

1. आत्मीय।

बाक़ी है कोई साथ तो बस एक उसी का

बाक़ी है कोई साथ तो बस एक उसी का
पहलू में लिये फिरते हैं जो दर्द किसी का

इक उम्र से इस धुन में कि उभरे कोई ख़ुरशीद
बैठे हैं सहारा लिये शम्मए-सहरी[1] का

1. अन्तिम पहर का टिमटिमाता हुआ दीपक।

[तुर्क शाइर नाज़िम हिकमत के अफ़कार]

जीने के लिए मरना

जीने के लिए मरना
ये कैसी सआदत[1] है

मरने के लिए जीना
ये कैसी हिमाक़त है

अकेले जियो
एक शमशाद[2] तन की तरह

---

1. तेजस्विता, 2. सर्व का पेड़, जो बिलकुल सीधा होता है और जिससे नायिका की उपमा दी जाती है।

और मिलकर जियो
एक बन की तरह

हमने उम्मीद के सहारे
टूटकर यूँ ही ज़िन्दगी की है
जिस तरह तुमसे आशिक़ी की है

इधर न देखो

इधर न देखो के: जो बहादुर
क़लम के या तेग़ के धनी थे

जो अज़्मो-हिम्मत के मुद्दई थे
अब उनके हाथों में सिद्क ईमाँ की

आज़मूदः पुरानी तलवार मुड़ गई है
जो कजकुलह साहबे-चश्म थे

जो अह्ले-दस्तार मुहतरम थे
हविस के पुरपेंच रास्तों में

कुलह किसी ने गिरो है रख दी
किसी ने दस्तार बेच दी है

उधर भी देखो
जो अपने रख़्शाँ लहू के दीनार

मुफ़्त बाज़ार में लुटाकर
नज़र से ओझल हुए

और अपनी लहद में इस वक़्त तक ग़नी हैं
उधर भी देखो

जो सिर्फ़ हक़ की सलीब पर अपना तन सजाकर
जहाँ से रुख़्सत हुए

और अहले-जहाँ में इस वक़्त तक बनी हैं

रफ़ीक़े-राह थी मंज़िल हर इक तलाश के बाद

रफ़ीक़े-राह थी मंज़िल हर इक तलाश के बाद
छुटा ये साथ तो रह की तलाश भी न रही

मलूल था दिले-आईन: हर ख़राश के बाद
जो पाश-पाश हुआ इक ख़राश भी न रही

फिर आईनः-ए-आलम शायद कि निखर जाए

फिर आईनः-ए-आलम[1] शायद कि निखर जाए
फिर अपनी नज़र शायद ताहद्दे-नज़र[2] जाए

सहरा[3] पे लगे पहरे और क़ुफ़्ल[4] पड़े बन पर
अब शह्र-बदर होकर दीवाना किधर जाए

ख़ाके-रहे-जानाँ[5] पर कुछ ख़ूँ था गिरा अपना
इस फ़स्ल में मुमकिन है ये क़र्ज़ उतर जाए

---

1. सांसारिक दर्पण, 2. दृष्टि की सीमा तक, 3. रेगिस्तान, 4. ताले, 5. प्रियतमा के रास्ते की धूल।

देख आएँ चलो हम भी, जिस बज़्म में सुनते हैं
जो खुन्दः-ब-लब आए वो ख़ाक-ब-सर जाए

या ख़ौफ़ से दर गुज़रें या जाँ से गुज़र जाएँ
मरना है कि जीना है इक बात ठहर जाए

21 नवम्बर, 1983

फूल मसले गए फ़र्शे-गुलज़ार पर

फूल मसले गए फ़र्शे-गुलज़ार पर
रंग छिड़का गया तख़्त:-ए-दार पर

बज़्म बरपा करे जिसको मंज़ूर हो
दावते-रक़्स तलवार की धार पर

दावते-बैयते-शह पे मुल्ज़िम बना
कोई इक़रार पर, कोई इनकार पर

[अपूर्ण]

23 फ़रवरी, 1984

बेबसी का कोई दरमां नहीं करने देते

बेबसी का कोई दरमां नहीं करने देते
अब तो वीराना भी वीरां नहीं करने देते

दिल को सदलख़्त[1] किया सीने को सदपार:[2] किया
और हमें चाक गरेबां नहीं करने देते

उनको इस्लाम के लुट जाने का डर इतना है
अब वो काफ़िर को मुसलमां नहीं करने देते

1-2. सैकड़ों टुकड़े।

दिल में वो आग फ़रोज़ां है अदू[1] जिसका बयां
कोई मजमूं किसी उन्वां नहीं करने देते

जान बाक़ी है तो करने को बहुत बाक़ी है
अब वो जो कुछ के: मेरी जां नहीं करने देते

30 अक्तूबर, 1984

1. दुश्मन।

बहुत मिला न मिला, ज़िन्दगी से ग़म क्या है

बहुत मिला न मिला ज़िन्दगी से ग़म क्या है
मताए-दर्द बहम है तो बेशो-कम क्या है

हम एक उम्र से वाक़िफ़ हैं, अब न समझाओ
के: लुत्फ़ क्या है मेरे मेहरबां सितम क्या है

करे न जग में अलाओ तो शे'र किस मक़सद
करे न शह्र में जल-थल तो चश्मे-नम क्या है

अजल के हाथ कोई आ रहा है परवाना
न जाने आज की फ़ेहरिस्त में रक़म क्या है

सजाओ बज़्म, ग़ज़ल गाओ, जाम ताज़ा करो
"बहुत सही ग़मे-गेती, शराब कम क्या है"

'फ़ैज़' का आख़िरी कलाम
नवम्बर, 1984

शामे-ग़ुरबत[1]

दश्त में सोख़्ता सामानों पे रात आई है
ग़म के सुनसान बियाबानों पे रात आई है

नूरे-इरफ़ान के दीवानों पे रात आई
शम्ए-ईमान के परवानों पे रात आई है

बैते-शब्बीर[2] पे ज़ुल्मत[3] की घटा छाई है
दर्द-सा दर्द है तन्हाई-सी तन्हाई है

---

1. परदेश की शाम, 2. शब्बीर के अनुयायी, 3. अँधेरा।

ऐसी तन्हाई कि प्यारे नहीं देखे जाते
आँख से आँख के तारे नहीं देखे जाते

दर्द से दर्द के मारे नहीं देखे जाते
जुअफ़[1] से चाँद-सितारे नहीं देखे जाते

ऐसा सन्नाटा कि शमशानों की याद जाती है
दिल धड़कने की बहुत दूर सदा जाती है

---

1. दुखी लोग।

ना'त*

['फ़ैज़' की एक फ़ारसी रचना]

ऐ तू के: हस्त हर दिले-महज़ूँ सराए तू
आवुर्द: अग सराये दिगर अज़ बराए तू

ख़्वाजा ब-तख़्ते-बन्द:-ए-तशवीशे-मुल्को-माल
बर ख़ाक रश्के-ख़ुसरवे-दौराँ गदाए तू

आँ जा क़सीद:-ख़्वानि-ए-लज़्ज़ाते सीमो-ज़र
ई जा फ़क़त हदीसे-निशाते-लक़ाए तू

---

* ह. मुहम्मद साहब की तारीफ़ में लिखी गई रचना।

आतश-फ़शाँ ज़े क़ह्रो-मलामत ज़बाने-शैख़
अज़ अश्के-तर ज़े दर्दे-ग़रीबाँ रिदाए तू

बायद के: ज़ाहलिमाने-जहाँ-रा सदा कुनद
रोज़े-ब-सूये-अद्लो-इ'नायत सदाए तू

ब-दिल दर्दे क़ज़ां शीरीं शमाइल दाशतम गुफ़्तम
गुज़िश्तम अज़ सर-ए-ख़ुद हर चे: दनर दिल दाशतम गुफ़्तम

अनुवाद

[फ़ारसी रचना का अनुवाद]

तू वह है, जिसने हर ग़मगीन दिल में अपना घर बना लिया है। मैं तेरे लिए एक दूसरी सराय लेकर आया हूँ।

यह सत्ताधारी वर्ग सत्ता और माल की चिन्ता में लिप्त है, लेकिन इस धरती के समकालीन शासक तेरे इस भिक्षु से ईर्ष्या करते हैं।

वे लोग सोने-चाँदी के वैभव के प्रशंसक हैं और यहाँ मेरे पास तेरे मुखड़े के सौन्दर्य से मिलनेवाले आनन्द के अतिरिक्त कुछ नहीं है।

शैख़[1] की ज़बान से आक्रोश और निन्दा के शोले फूट रहे हैं, जबकि तेरी चादर को ग़रीबों की आँखों से बहनेवाली दर्द-भरी तरल धारा भिगोए जा रही है।

1. धर्मशास्त्री।

संसार के अत्याचारियों को सुना देना चाहिए, कि एक दिन उन्हें न्याय और सद्भाव की ओर आना ही पड़ेगा।